MARCOS AVELINO MARTINS

Ao doce som
de um bolero

AO DOCE SOM DE UM BOLERO

TEXTOS, REVISÃO, PROJETO GRÁFICO, DIAGRAMAÇÃO E CAPA:

MARCOS AVELINO MARTINS

(cygnusinfo@gmail.com)

IMAGEM DA CAPA:
https://pixabay.com/photos/woman-2158081

(imagem do Pixabay por Art Tower)

Copyright © 2022 by Marcos Avelino Martins

M386

Martins, Marcos Avelino, 1953 -
Lembranças de um futuro distante / Marcos Avelino Martins – Goiânia-GO

Edição do autor, Abril/2022
114 p.

ISBN: 979-88-01-31546-1

1. Literatura. 2.Poesia. I. Martins, Marcos Avelino. II. Título

CDU:821.134.3(81)-1

Agradeço às inúmeras pessoas que contribuíram com histórias, postagens ou imagens que serviram de fonte de inspiração para alguns poemas desse livro.

Outros livros do autor, todos eles publicados no Clube de Autores e na Amazon, em versão impressa e digital:

001. OS OCEANOS ENTRE NÓS
002. PÁSSARO APEDREJADO
003. CABRÁLIA
004. NUNCA TE VI, MAS NUNCA TE ESQUECI
005. SOB O OLHAR DE NETUNO
006. O TEMPO QUE SE FOI DE REPENTE
007. MEMÓRIAS DE UM FUTURO ESQUECIDO
008. ATÉ A ÚLTIMA GOTA DE SANGUE
009. EROTIQUE
010. NÃO ME LEMBREI DE ESQUECER DE VOCÊ
011. ATÉ QUE A ÚLTIMA ESTRELA SE APAGUE
012. EROTIQUE 2
013. A CHUVA QUE A NOITE NÃO VIU
014. A IMENSIDÃO DE SUA AUSÊNCIA
015. SIMÉTRICAS – 200 SONETOS (OU COISA PARECIDA) DE AMOR (OU COISA PARECIDA)
016. AS VEREDAS ONDE O MEU OLHAR SE PERDEU
017. A MAGIA QUE SE DESFEZ NA NOITE
018. QUAL É O SEGREDO PARA VIVER SEM VOCÊ?
019. OS TRAÇOS DE VOCÊ
020. STRADIVARIUS
021. OS SEGREDOS QUE ESCONDES NO OLHAR
022. ATÉ SECAREM AS ÚLTIMAS LÁGRIMAS
023. EROTIQUE 3
024. OS POEMAS QUE JAMAIS ESCREVI
025. TUA AUSÊNCIA, QUE ME DÓI TANTO
026. OS DRAGÕES QUE NOS SEPARAM
027. O VENTO QUE NA JANELA SOPRAVA
028. EROTIQUE 4
029. A NOITE QUE NÃO TERMINOU NUNCA MAIS
030. AS HORAS QUE FALTAM PARA TE VER

AO DOCE SOM DE UM BOLERO

Ao doce som de um bolero,
Tu te jogas sobre mim,
Como se tudo não fosse complexo,
E nem mesmo te importasse
Se eu te quero ou se não quero,
E me beijas, com tua macia boca carmim,
Encaixando teu côncavo em meu convexo,
Olhando-nos face a face,
Enquanto gemes e requebras,
Despudorada, à beira da demência,
Insana, maravilhosamente nua,
Deliciosamente fogosa,
E assim, aos poucos quebras
A minha pouca resistência,
E em tua boca se perpetua
A minha rigidez impetuosa,
Que te deixa ainda mais louca,
Devorando em instantes minha descrença
De que tal perfeição existisse,
Nós dois ocupando o mesmo lugar,
Aqui, escutando os gemidos de tua voz rouca,
Compartilhando essa voracidade imensa,
Quebrando de uma vez por todas minha crendice,

De que nunca mais conjugaria todos os tempos do verbo amar...

Vídeo relacionado: **Danilo Caymmi - Verso de bolero**
https://www.youtube.com/watch?v=OBF4Q5napD8

<u>RITUAL</u>

Quando me chamas,
Para contares teus problemas,
De novo de mim te aproximas,
E reconheço os sintomas,
Quando assim te perfumas!

Se as tuas aflições escancaras,
Sei muito bem o que queres,
Pois em meus desejos te inspiras,
E depois, usas-me por horas,
Nessas nossas doces loucuras!

E, quando afinal um pouco te afastas,
Depois de me ofereceres tuas frestas,
Nesse conhecido ritual de conquistas,
Faço massagens eróticas em tuas costas,
E em meu coração, ainda mais te incrustas...

Vídeo relacionado: **Norah Jones - Come away with me**
https://www.youtube.com/watch?v=Oy5CYkPi_7Y

<u>MEMÓRIAS ALIENÍGENAS</u>

Tenho lembranças esquisitas
De coisas que jamais aconteceram,
Exceto, talvez, em vidas passadas,
Vividas em terras alienígenas,
Com oceanos cor-de-rosa,
Imensas árvores roxas e vermelhas,
Que invadem os céus,
Plantas gigantescas,
Flores monocromáticas,
Rios negros,
Animais estranhos e tão diferentes
Dos que habitam a Terra,
Alguns deles parecidos
Com nossos antigos dinossauros,
Mas aparentemente mansos,
Pássaros enormes e belíssimos,
Paisagens exóticas,
Ilhas flutuantes no céu,
E minha pele é azul,
Tenho mais de 2 metros
E olhos amendoados,
Através dos quais vejo esse mundo,
Que não se parece com o meu,

E acordo pensando
Se Deus estará me mostrando
Visões de vidas pregressas,
Ou apenas me apresentando
O que me espera no Paraíso...

Vídeo relacionado: **Leona Lewis - I see you**
https://www.youtube.com/watch?v=3YDz-ftqr1g

<u>ATÉ BREVE</u>

Não sei se foi um adeus
Ou "até breve",
Pois os lábios teus
Nos meus tocaram de leve,
Mas foi o bastante
Para me provocar um terremoto,
E meu coração inconstante
Tirou férias em algum lugar remoto,
E nunca mais deu as caras,
Aguardando um próximo contato,
Escondendo-se às claras,
Atrás de teu único retrato,
Que mostrava tuas curvas voluptuosas,
Mas o retrato, infelizmente, não mostrava
A delícia de tuas risadas gostosas,
Cada uma das quais me encantava!
E agora, esse meu cérebro insensato,
Que jamais aprende a lição,
Resolveu escrever esse poema abstrato,
Para questionar a volatilidade de tua paixão...

Vídeo relacionado: **Rachael Yamagata - I wish you love**
https://www.youtube.com/watch?v=mPHdSg3ljFQ

MUROS DE SOLIDÃO

Tentei desconstruir você,
E apagar suas lembranças,
Como se joga fora
O palito usado de um picolé,
Mas descobri ser impossível...
Insisti, toneladas de vezes,
Através de noites insones,
Esquecer o amor que nos uniu,
Mas foi inútil,
Apenas esforço perdido,
Pois de repente, você voltava,
Tenazmente reconstruída
Em minhas memórias...
Tentei transpor
Os meus muros de solidão,
Reconstruir as sinapses
De sua Matrix,
Apagando os seus beijos ardentes,
O som de seus uivos de prazer,
Que tanto me deixavam louco,
Mas o final desse filme eu já conhecia,

Pois já o assisti dezenas de vezes,
E ele é sempre o mesmo:
Você ressuscita, dentro de mim...

Vídeo relacionado: **October Project - Wall of silence**
https://www.youtube.com/watch?v=B37ec_cjhYs

<u>DE MARTE</u>

Se algum dia você voltar
Da Lua ou de Marte,
Ou de qualquer outra parte
Para onde houver viajado
(E, como sempre, esqueceu de me avisar,
Ou de deixar algum recado,
E se foi, sem se despedir),
Não faça cara de surpresa,
Nem deixe a tristeza
Em seus olhos surgir,
Se seu antigo lugar estiver ocupado,
Pois já me cansei
De sua displicência
E de sua falta de amor,
E finalmente deixei
De ser o rei da paciência
E de todo esse tempo de horror,
Então, apaguei do celular o seu contato,
E a excluí de minhas redes,
Deletei até a última mensagem,

Já não tenho de você nem mais um retrato,
Esqueci de nossos momentos entre quatro paredes,
De meus poemas, você é só uma esquecida
personagem...

Vídeo relacionado: **Lucy Thomas - Footprints in the sand**
https://www.youtube.com/watch?v=-kFoiYfrq0M

AS POUCAS HORAS

As poucas horas
Que nossas almas passaram juntas,
Sobrepostas,
E por algum motivo escondi,
Depois de tantas auroras,
Geraram tantas perguntas,
Às quais não tive respostas,
E por isto, jamais as respondi...

E agora, tantos anos depois,
Subitamente tu reapareces,
Como se nada tivesse acontecido,
E se fosse normal teu sumiço,
E ainda ousas falar de nós dois,
Como se, num estalar de dedos, pudesses
Apagar todo esse tempo perdido,
Como se não tivesses nada com isso...

Mas agora, já não sonho contigo,
Foste há algum tempo substituída
Por alguém que comigo se importa,
E compartilha os sonhos meus,
Por isto, desistas, esse é o teu castigo,

Não fazes mais parte de minha vida,
Assim, podes voltar pela mesma porta
Por onde entraste, boa sorte e adeus...

Vídeo relacionado: **Rita Moss - Just a dream ago**
https://www.youtube.com/watch?v=eY6Yq4_lq9w

<u>AH, A JUVENTUDE</u>!

A juventude é a melhor fase da vida,
Mas só ficamos sabendo disto
Quando ela já se acabou,
E ficou nos devendo
Tantos sonhos concebidos
E jamais realizados,
Mundos imaginados,
Que continuaram distantes,
Ao sabor das correntes
E tempestades...
Se não tomarmos cuidado,
O tempo passa e nos atropela,
E o relógio do tempo segue adiante,
A areia da ampulheta desce,
Devagar mas inexorável,
Sem segundas chances,
Exceto em poucas ocasiões,
Quando temos a oportunidade
De consertarmos o que fizemos de errado
E seguirmos em frente,
Construindo um futuro próximo do imaginado...
Por isto, jovens que apenas começaram
Essa viagem rumo ao futuro,

Coloquem um sorriso no rosto,
Adotem amigos inabaláveis,
No maior número possível,
Pois são eles que estarão ao seu lado,
Para abraçá-los, brindarem à vida,
Fazê-los rir, e seguirem por perto
Nas horas difíceis (que sempre virão),
Por toda a vida, se souberem cultivá-los
(E vocês aprenderão como é difícil!),
Principalmente aqueles que os fazem sorrir,
Sentirem-se bem ao lado deles,
Ou lhes dão lições de humildade, lealdade e
perseverança...
Não tenham medo de amar,
Pois é o amor que dá sentido à vida,
Mesmo que sempre nos faça sofrer,
Porque nada no amor é perfeito,
Assim como ninguém o é...
E ninguém é feliz, se estiver sozinho,
Pode até parecer que o sejam,
Mas é apenas uma máscara,
Que cai quando estiverem sozinhos,
Enxugando as lágrimas que esconderam
Para simular a felicidade
Que sequer conheceram...

Encontrem alguém que os façam felizes,
E, se perceberem que foi apenas uma ilusão,
Sigam em sua procura,
Até encontrarem o par perfeito
(E ele ou ela existe, em algum lugar por aí,
Mesmo que demore algum tempo até surgir
Em nosso caminho,
Com um sorriso no rosto
E um olhar que acalma tempestades),
E então, não deixem aquela pessoa perfeita
Ir embora, pois talvez nunca volte,
E tudo voltaria à estaca zero...
E então, junto à pessoa amada,
Façam planos, viagens, pequenas loucuras,
Sejam felizes o quanto for possível,
Por tanto tempo quanto Deus permitir,
Planejem construir uma família,
Que é a melhor coisa do mundo,
Quando bem cultivada,
Cuidem de suas sementes,
E, quando brotarem,
Descubram que valeu muito a pena a espera,
Pois filhos são a realização de nossos sonhos,
E o que dá sentido à existência...
Honrem seus pais, pois isto dignifica,

Dediquem-se ao trabalho, sempre,
Descubram uma atividade que lhes dê prazer,
Construam sólidos alicerces,
Que nunca desabem,
E, se algo der errado, não desanimem,
Isto é normal, acontece a todo mundo,
Refaçam as rotinas, mudem de ramo, se desejarem,
Mas sigam em frente, com perseverança,
E tentando sempre fazer o melhor,
E não deixem que o trabalho
Atrapalhe o convívio com a família,
Que é a coisa mais importante da vida...
E, quando chegarem à plena maturidade,
Descobrirão que o tempo lhes ensinou
Muitas coisas: cultivar amigos, amar,
Planejar o futuro, construir um patrimônio,
Crescer espiritualmente,
Descobrir Deus, e o quanto Ele é importante,
E até (pasmem!) a dar conselhos assim
Para os jovens queridos!

Vídeo relacionado: **Leo Jaime - Esse brilho em teu olhar**
https://www.youtube.com/watch?v=aD64tMwNYuA

<u>AMOR POR CONTÁGIO</u>

Na primeira vez em que me encontrei com ela,
Acho que adquiri amor por contágio,
Que boca maravilhosa era aquela,
Cuja voz doce deixou-me tão frágil?

Naqueles olhos, com o brilho de um quasar,
De repente, eu me vi navegando,
Entre as estrelas que lá vi pulsar,
Onde meus sonhos foram se encontrando...

E, depois desse encontro, vi que mudei,
Mesmo que não fosse perceptível,
E agora, do futuro nada sei,
Além da certeza de que será incrível...

Depois daquele encontro, vieram vários,
Enchendo meu mundo de ilusões,
E de sonhos extraordinários,
Compartilhados entre dois corações...

E agora sei que, haja o que houver,
Mesmo que este mundo siga trágico,
Seguiremos juntos, venha o que vier,
Se for ao lado dela, será mágico...

Vídeo relacionado: **Pete Dunaway - You're the reason**
https://www.youtube.com/watch?v=fTdxZhl4JgI

<u>ANACRONISMO</u>

Quem diria que nós,
Amantes de um jazz
Daqueles das antigas,
Cantados por alguma bela voz,
Que nos faziam sapatearmos os pés,
Teríamos de trocar tais cantigas,
Que acalmavam as nossas mentes,
Como trilha sonora de noites perenes,
Por um desses *funks* indecentes,
Que viram do avesso os nossos genes,
Cujas letras perderam a noção,
E só falam em requebrar o bundão?

Vídeo relacionado: **Laura Fygi - How insensitive**
https://www.youtube.com/watch?v=4EsESjwORs8

<u>MAL COMEÇAMOS</u>

Estamos apenas no começo,
Mal começamos a nos conhecer,
E já parece que te conheço
Antes mesmo de nascer.

É incrível a nossa sintonia,
Um para o outro predestinado,
À sombra da Poesia,
Neste mundo tão desestruturado...

Mas de que nos importa
Se o nosso amor nos sustenta?
A tua presença me conforta,
A tua doce voz me acalenta,

E, nesses doces murmúrios
Da tua voz melodiosa e suave,
O futuro é farto de bons augúrios,
Descobri que és da felicidade a chave...

Vídeo relacionado: **Carpenters - We've only just begun**
https://www.youtube.com/watch?v=iFo-1GhwA7I

<u>NÃO SUBESTIME</u>

Não subestime
Os visionários
E os poetas,
Se lhe parecerem loucos,
Apenas por enxergarem
Realidades que você nunca imaginou,
Ou viverem em mundos
Tão diferentes do seu,
Pois a verdade é que
Os vislumbres que possuem
Podem ser propriedades
Que Deus lhes atribuiu
Por algum motivo,
Talvez para transformarem o mundo
Num lugar melhor
Para os medíocres
Como você viverem,
Mesmo que jamais lhe ocorra
Sequer um *insight*
Do que eles vêem em seus sonhos...

Vídeo relacionado: **Karen Souza - Creep**
https://www.youtube.com/watch?v=n9dXEgjz9vc

<u>AUGE</u>

A tua nudez me incendeia,
Levito, mesmo com os pés no chão,
Pois tu és muita areia
Para meu caminhão,
E cada toque teu me nocauteia,
No auge da paixão!
Estou preso na tua teia,
Teu casulo de amor é minha prisão,
Todo o meu corpo anseia
Por brincarmos de Eva e Adão,
Tu és a minha sereia,
Apenas uma em um bilhão,
A minha língua te saboreia,
Sentindo uma doce sensação,
Um beijo teu desencadeia
O amor que preenche esta canção...

Vídeo relacionado: **Dana Winner - In love with you**
https://www.youtube.com/watch?v=m00OgjixqpM

FACA DE DOIS GUMES

Não me subestime,
Nem faça de conta
Que eu não existo,
Muitas o fizeram,
E depois se arrependeram,
Mas já era tarde demais.

Não olhe através de mim,
Como se eu não existisse,
Senão, você nao existirá também,
E será apenas um objeto
Que cruzou minha retina,
Sem deixar rastros.

O desprezo é uma faca de dois gumes,
Que fere igualmente de ambos os lados,
E costuma deixar cicatrizes,
Mas não se engane:
A sua beleza acabará
Muito antes da minha alegria...

Vídeo relacionado: **Emílio Santiago - Insensatez**
https://www.youtube.com/watch?v=jLQlj2kr3T0

<u>REFLEXO SOMBRIO</u>

Esse reflexo sombrio
Que me espia
Através do espelho
Não é meu
E sequer comigo se parece
Talvez seja um avatar esguio
Cuspido pela Poesia
Ou com ela parelho
Que uma noite de repente apareceu
Mas só o faz quando anoitece

Esse reflexo disforme
Que parece um fantasma
E assustado me fita
Como se eu o assombrasse
Deve ter vindo de outra dimensão
E talvez não se conforme
Em ser confundido com um ectoplasma
Vindo de uma distância infinita
Para contemplar a minha face
E mostrar-me onde mora a escuridão

Esse ser controverso
Vindo não sei de onde
Ou de quais dobras do tempo
Talvez queira apenas me provar
Que o fundo do espelho é um lugar triste
Ou terá vindo de outro universo
E por trás desse vidro se esconde
Com esse infame passatempo
De tentar inutilmente me revelar
O que do outro lado do espelho existe?

Vídeo relacionado: **Frank Mills - Reflections**
https://www.youtube.com/watch?v=dG11DwGKOgI

<u>APENAS MAGIA</u>

Era apenas magia
O que nos juntou
Por alguns instantes,
Sob o luar cheio de Poesia,
Quando você me beijou,
Insólitos amantes,
Por algum motivo reunidos,
Sem explicação,
Num abraço intenso, mas fugaz,
Destinos nunca cumpridos,
Num beijo de pura paixão,
Que a memória às vezes me traz,
Amantes rapidamente unidos por uma teia de renda,
Mas que, depois, nunca mais se viram,
E, não sei por que, na hora não reconheci
Naquele beijo, uma divina oferenda,
Doces fluidos que seus propósitos cumpriram,
Pois nunca mais a esqueci...

Vídeo relacionado: **Roberto Carlos - Simples mágica**
https://www.youtube.com/watch?v=quTLgSB1-ZI

<u>AQUELE CONSELHO</u>

Quando eu era criança,
Meu pai um dia me disse
Que eu devia ter medo de mar!
Cresci com aquela frase na cabeça,
E sempre guardei distância
Segura dos oceanos,
Mal molhando os pés
Na água salgada dos mares,
Que botavam medo em meu pai,
Que era um homem corajoso...
Mas foi só depois que cresci
Que descobri a verdade:
Eu havia entendido errado
E confundi duas palavras parecidas,
Pois o que ele na verdade falou
Era que eu devia ter medo de amar...

Vídeo relacionado: **Chico Buarque - Medo de amar**
<u>https://www.youtube.com/watch?v=f1ADgqtU6Zs</u>

COMUNHÃO

Nossas almas possuem
As mesmas carências
E também os desejos
Que se ramificam

Nossas orações comungam
Nos mesmos altares
Onde celebram a união
De fluidos e seivas

Nossos lábios juntam-se
Em beijos eternos
Numa cama macia
Ou numa banheira

Nossas mentes compartilham
Os mesmos mistérios
E inconfessáveis segredos
Que jamais ousamos contar

Nossas imagens cabem
Numa única foto 4x4
De tão intrinsecamente ligadas

Aos mesmos espelhos

Nossas mãos exploram
As mesmas veredas
Provocando gemidos
E murmúrios

Nossas bocas percorrem
Os mesmos caminhos
Dividindo carinhos
E doces arrepios

Nossos corpos dividem
Um único reflexo
Um ao lado do outro
Em todas as noites

Nossas histórias contam
Uma mesma saga
De amor compartilhado
Para sempre...

Vídeo relacionado: **Dana Winner - Plaisir d'amour**
https://www.youtube.com/watch?v=lc-ETva7Eik

FASE

Eu pensei em lhe telefonar,
Peguei no celular,
Teclei seu número, mas refluí,
Então desisti,
E fiquei no quase,
Como nosso amor, não passei de fase...
Já passou o tempo das desculpas,
De expiar as minhas culpas,
Ou de pedir-lhe perdão,
E contar-lhe da minha solidão,
Da falta que de você eu sinto,
E dizer que para mim mesmo eu minto
Que finalmente consegui lhe esquecer,
Depois de muito sofrer,
Mas não é verdade,
E a dura realidade
É que você em mim ficou entranhada,
No coração para sempre impregnada...

Vídeo relacionado: **Roberto Carlos - Quase fui lhe procurar**
https://www.youtube.com/watch?v=-DvTMLUy7lU

MOTIVO DESCONHECIDO

Hoje eu acordei triste,
Mas não sabia por que,
E o espelho não me revelou
Nada que eu já não soubesse.

O dia lá fora estava lindo,
Em pleno verão,
Mas dentro de mim,
Era inverno...

Alguns minutos depois,
Procurando algo numa gaveta,
Encontrei uma antiga foto tua,
Despudoradamente bela!

E de repente,
Descobri o motivo desconhecido
Para aquela repentina tristeza:
Era pura saudade de você...

Vídeo relacionado: **Hoobastank - The reason**
https://www.youtube.com/watch?v=HykPwdUs0ak

<u>GUERRAS</u>

O ser humano é um predador,
Incansavelmente cobiçando
O que não lhe pertence,
Sejam pessoas,
Fronteiras
Ou riquezas,
Financeiras ou materiais,
E, quando tem o poder,
Arquiteta planos malignos,
Em comum acordo com o demônio,
Para tomar o que não é seu,
E isto é motivo
De assassinatos por vingança,
Assaltos, roubos,
Propinas, corrupção,
Ou de guerras deflagradas
Por motivos torpes,
Com os governantes alegando causas nobres,
Como defenderem povos oprimidos
Em algum outro país,
Mas o verdadeiro motivo covarde
Para todas as guerras
É um só: ambição desmedida

E exacerbada soberba,
Pois a esses seres maléficos
Que assumem postos de comando
Em algum país qualquer,
Nada lhes importa
Senão imensuráveis riquezas
E poder cada vez maior,
Para tomarem tudo que não lhes pertence,
Por um único motivo,
Soprado pelo demo:
Porque podem...

Vídeo relacionado: **Dead Can Dance - The host of Seraphim**
https://www.youtube.com/watch?v=U6MLG1ox5nE

<u>SANGUE</u>

Terias uma vida plena,
Se não fosse meu sangue que derramaste,
E agora, de remorso teu coração gangrena,
Por causa das trevas que comigo deixaste!

Mas não te preocupes,
Pois há muito tempo já te esqueci,
Mesmo que para sempre te culpes,
Porque sabes que aquilo não mereci!

Mas sei que quando te lembras
Daquele fogo que em nós ardia,
E bem sei que relembras
Daquele nosso último dia!

Na última vez em que nos vimos,
Cravaste em meu peito um punhal,
Logo depois que nos despimos,
E me contaste sobre o meu rival!

Foi então que meu mundo caiu,
Pois colocaria minha mão no fogo
Pela sua inocência pueril,

E por capricho, perdi no teu jogo!

Vesti as roupas e parti,
Sem sequer olhar para trás,
Depois disto, nunca mais te vi,
E só muito depois encontrei a paz!

E, de repente, ressurges, arrependida,
Pedindo perdão pelos teus pecados,
Mas saibas que teu juiz é a própria vida,
Que julga os amantes desmiolados!

E, naquele jogo em que me queimaste,
Depois de algum tempo, ressurgi ileso,
Não sinto penas das lágrimas que derramaste,
Às nossas lembranças, não estou mais preso!

Vídeo relacionado: **Cher - Love hurts**
https://www.youtube.com/watch?v=tw7BzhQxzgs

<u>MUITAS PRISÕES</u>

Criamos muitas prisões
No interior das mentes,
Onde trancafiamos corações
Desesperadamente doentes...

Não há chaves disponíveis
Que libertem os pobres cativos,
Oprimidos em todos os níveis,
E assim permanecem, por vários motivos...

Naqueles labirintos de neurônios,
Os corações tentam encontrar uma saída,
Mas com a tristeza contraíram matrimônio
Que normalmente dura até o fim da vida...

E, nesse jogo sem vencedor,
Onde os participantes perdem ou empatam,
Quando caem nas armadilhas do amor,
Antigos sentimentos não se resgatam...

E, no Dia do Juízo Final
Dos corações aprisionados,

Descobre-se enfim que o amor é letal,
E não passamos de vítimas, por ele escravizados...

Vídeo relacionado: **Rolling Stones - As tears go by**
https://www.youtube.com/watch?v=XJRk4b3aaZY

ESCAMBO

Troco um pote de ouro
Por um amoroso sorriso teu,
Na Terra, o mais precioso tesouro
Que Deus já me concedeu...

Vídeo relacionado: **Peggy Lee - Evertything must change**
https://www.youtube.com/watch?v=2LRF5y6ju9Y

CHUVA FANTASMA

Uma chuva inusitada
Desce de meu rosto,
Nessa noite enluarada
No meio de agosto,
Deixando sulcos profundos
Que não secam,
Queimando sorrisos moribundos
Que meus olhos ressecam,
E, ao cair dessa chuva cálida,
As lembranças renascem,
Como se emersas de uma crisálida,
Como borboletas que nascem...
Mas não há vida nessas gotas
Que pela minha face insistem,
Pois essas lágrimas marotas
Somente na vidraça existem,
Porque lá fora chove,
Somente do lado de lá da janela,
E pode ser que a chuva renove
A saudade que tenho dela,
E que é da minha alegria adversária,
Pois traz de volta tudo que já não tenho,
Nessa noite triste e solitária,

Onde a chuva deixa na vidraça um desenho,
Que, estranhamente, com ela se parece,
Como se a tempestade lá fora tripudiasse,
Dessa chuva sofrida que só agora desce,
Incendiária, perturbadora, pela minha face...

Vídeo relacionado: **Earl Grant - Evening rain**
https://www.youtube.com/watch?v=qEm4uSRlrNc

<u>CHANCES</u>

Agradeça a Deus
Pelo que vier primeiro:
Riqueza ou amor,
Prosperidade ou paixão,
Sucesso ou renúncias,
Paz de espírito ou inquietude,
Plenitude ou reconhecer seus limites.
Seja feliz com o que tiver,
Pois o que vier a mais, será lucro,
E ainda mais bem-vindo,
Pois tudo o que se deseja
E não se tem,
Gera desilusão,
Infelicidade,
Decepções,
Amores fracassados,
Mergulho na escuridão.
Não tenha inveja de ninguém,
Pois esse é um sentimento opressivo,
E a chave do fracasso,
Pois a oportunidade
Não bate à sua porta duas vezes,
E se, na primeira vez que o fizer,

Você sequer perceber a sua presença,
Estará fadado ao insucesso,
Remoendo sentimentos malignos,
Desejando a quem é mais feliz do que você
Que desça ao mais fundo dos poços,
E nunca mais se recupere da desdita,
Enquanto você, que tinha a chave nas mãos,
Guardou-a no fundo de uma gaveta,
Ou, pior ainda, jogou-a fora,
E assim deixou passar a chance
De ter tudo o que sonhou:
Dinheiro, sucesso, um grande amor,
Que nunca encontrou,
Pois, em vez de procurá-lo,
Preferiu focar seus olhos ferinos
No demônio, que tem muitas faces,
Cada uma delas mais tentadora,
Mas são somente um disfarce,
Espalhando ao acaso armadilhas,
Ocultas sob lindas oferendas,
Mas que não passam de uma ilusão,
E que lhe oferecem, a um custo devastador,
De sua própria alma a arder no fogo do inferno,
Um sucesso ilusório, de curto prazo,
Enquanto as hordas dele celebram

A captura de mais uma alma,
Ingenuamente estúpida,
A usufruir os prazeres sórdidos
De uma efêmera vida de aparências,
Bem distante da felicidade plena
De quem acreditou em Deus...

Vídeo relacionado: **Black Sabbath - Changes**
https://www.youtube.com/watch?v=oB-hUTMeOyI

<u>CADÁVER</u>

Quando dei por mim,
Percebi que minha alma
Simplesmente abandonara
Este corpo que já não lhe pertence,
Pois já não é mais que uma casca vazia,
Que, sem você, perambula,
Sem destino
(E de que isto importa?),
Pelas ruas e avenidas
Dessa cidade imensa,
Que também perdeu sua alma,
E que nem nota
Esse cadáver insepulto,
Eternamente a vagar, destruído,
Por essas noites sem fim...

Vídeo relacionado: **Natalie & Nat King Cole - Unforgettable**
https://www.youtube.com/watch?v=UZVJT1I-kCE

<u>INCONSTANTES</u>

Já te contei
Que, para poetas, paixões são passatempos,
Que germinam versos de amor,
Por causa dos rostos mais belos?

Já te revelei
Que longos amores são contratempos,
Para algum arquiteto sonhador,
Sempre a construir no ar frágeis castelos?

Já te confessei
Que poetas são inconstantes,
Atrás de alguma grande paixão,
Tão grande quanto a própria Poesia?

Mas, pelo que sei,
Seus amores duram por meros instantes,
E de repente se vão,
Atrás da próxima fantasia...

Vídeo relacionado: **Rolling Stones - As tears go by**
https://www.youtube.com/watch?v=TAkCbrOQz2U

<u>TEATRO</u>

A vida é uma peça
De teatro absurdo, irreal,
Na qual somos jogados,
E insiste em nos fazer de brinquedos,
E quanto mais temos pressa,
Nesse enredo teatral,
Tentamos desvendar segredos
Que não deveriam ser desvendados...

E, nessa peça co-escrita
Por vários autores,
Quanto mais lemos o enredo,
Menos entendemos o texto,
E mais aumenta nossa desdita,
Atrás de impossíveis amores,
Dos quais morremos de medo,
Pois temer o amor é parte do contexto...

E, à medida que o relógio avança
Para o fim infeliz dessa história,
Mais somos ignorados,
Relegados a coadjuvantes, de modo vil,
E, ao fim, já sem qualquer esperança,

Apagamos a felicidade da memória,
Pois o que restou foram sonhos despedaçados,
Naquele enredo sinistro, que sequer se imprimiu...

Vídeo relacionado: **L'Âme Imortelle - Letting go**
https://www.youtube.com/watch?v=R5iLv7K3cMw

<u>NÃO ME CONFUNDA</u>

Não me confunda com meu avatar,
Que se parece muito comigo,
E que escreve versos
Ardentes,
Inexplicáveis,
Que ficam em sua mente a bailar,
Colocando a sanidade em perigo,
Esses poemas sobre amores perversos,
Pungentes,
Insaciáveis!
Mas somos seres distintos,
Mesmo tendo a mesma cara,
Um é de verdade,
O outro, pelos caminhos do sonho envereda,
E vive imerso numa fantasia,
Um, confia em seus instintos,
A realidade, do sonho separa,
E há muito já passou da flor da idade,
Lados distintos da mesma moeda,
Um feito de carne, e o outro, de Poesia...

Vídeo relacionado: **Danilo Caymmi - O bem e o mal**
https://www.youtube.com/watch?v=ZQ9uZMlcCuI

FOTOS ANTIGAS

Metodicamente coleciono
Fatos e fotos das quais nem sou dono,
Mas pelas minhas mãos passaram,
E meu olhar encantaram.

E, nessas coleções de poses,
Lágrimas misturam-se com sorrisos,
Choros, com apoteoses,
Convites para festas, com diversos avisos.

Lá, há muitas divas que jamais conheci,
E outras, das quais gozei da intimidade,
Sorrisos lindos que sequer mereci,
E outros, que nem foram de verdade.

Mas a minha foto preferida é a sua,
Da noite da nossa primeira vez,
Esplendorosamente linda e nua,
Despida de roupas e de sensatez.

Toda vez que essa foto revejo,
Lágrimas escorrem-me pela face,
E outra vez explode o desejo,

Como se o tempo subitamente voltasse.

E, quando percebo, o celular está na minha mão,
Pronto para ligar para você, que insanidade!
Pois é inútil, há muito acabou aquela paixão,
E o tempo não volta, somente a saudade...

Vídeo relacionado: **Lady Gaga - Always remember us this way**
https://www.youtube.com/watch?v=okozVafwKZc

MELHOR ESPERAR SENTADA

Se você espera que eu lhe telefone,
Melhor esperar sentada, mulher,
Pois somente o meu drone
Chega perto de onde você estiver.

Nossos carmas não combinam,
Melhor desistir desse assédio,
Não ligo se seus olhares me fulminam,
Procure para a falta de amor um remédio.

Inútil insistir, não vai dar em nada,
Gaste seu tempo com algo melhor,
Gostaria que não ficasse magoada,
Mas ficar com você seria muito pior.

Por favor, desista, não há qualquer chance
De seus olhares súplices me conquistarem,
Sepultei numa cova a palavra "romance",
Bem antes dos cabelos grisalhos me denunciarem...

Vídeo relacionado: **T. G. Sheppard - Misty blue**
https://www.youtube.com/watch?v=LgdSU2AD3-I

ESCONDIDO

De você eu já me escondi
Depois nunca mais respondi
Nenhuma de suas mensagens,
Nem olhei mais suas imagens,

Mesmo sendo cheias de encanto,
Espalhadas em algum canto
Do meu celular, escondidas,
Recatadas ou pervertidas,

Mas que de você me lembravam
E sutilmente repassavam,
Ainda que inutilmente,

Nesta entristecida mente
Tudo que entre nós havia,
Que me legou a Poesia...

Vídeo relacionado: **Patricia Kaas - I wish you love (Que reste-il de nos amour?)**
https://www.youtube.com/watch?v=Nf_ZamXbLF0

PELAS LENTES DE UM POEMA

Pelas lentes de um poema,
Enxerga-se um mundo reverso,
Em cada tema,
E em cada verso,
A derramar inquietude,
Atrás de palavras ardentes,
Sobre o amor em sua plenitude,
Entre corpos incandescentes,
Que se completam,
Um no outro atracados,
E, quanto mais se inquietam,
Mais se descobrem apaixonados,
Para sempre atraídos
Pelos fluidos mágicos do amor,
Que embotam os sentidos,
Deixando os amantes nesse torpor,
Onde futuro e passado se juntam,
No exíguo espaço de uma cama,
Depois do qual em vão se perguntam
Como se pode esquecer quem se ama...

Vídeo relacionado: **Etta James - Stormy weather**
https://www.youtube.com/watch?v=-71F_PbeSk8

OSCAR

O teu olhar não disfarça
Que o teu suposto amor foi uma farsa,
Que arquivei na memória num depósito
De amores sem nenhum propósito.

Bem que eu desconfiava
Dessa suposta paixão sem limites,
Mas também fazia de conta que te amava,
Por isso, estamos quites.

Tu fingias de um lado,
E do outro, era eu o ator,
Cada um mais disfarçado,
Tolamente brincando de amor.

Não levarei o Oscar pela performance,
Nem você ganhará uma estatueta,
Não temos nisto nenhuma chance,
Jogamos nossas últimas fichas nessa triste roleta!

Vídeo relacionado: **Johnny Rivers - Softly as I leave you**
https://www.youtube.com/watch?v=7ePCKLZwt9w

MAIOR ABANDONADA

Adotei uma maior abandonada,
Carente de amor e de Poesia,
Pelas estradas do sonho largada,
Com olhos carregados de magia.

Desde então, nós dois somos carne e unha,
Ela, minha fonte de inspiração,
De meus planos, ardente testemunha,
Pelos seus olhos, cheios de paixão.

Há quem veja isto com ceticismo,
Mas fizemos tudo bem transparente,
Conduzindo tudo sem egoísmo,

E, mesmo parecendo irreverente,
Entrei no processo com meu lirismo,
E ela, com seu olhar incandescente...

Vídeo relacionado: **Natalie Cole - Inseparable**
https://www.youtube.com/watch?v=0xLI9o4P648

<u>GATUNOS</u>

Quando eu era rapaz,
E apresentavam-me algum político,
A pessoa era bem considerada,
Bajulada, por ser importante,
Um verdadeiro porta-voz do povo
Para tentar resolver seus problemas.
Mas, depois de tantos anos,
E das levas de bandidos
Que se seguiram,
Com tal ocupação,
Chamando-se uns aos outros
(Só pode ser por gozação!!!)
De "Vossa excelência",
Caso você converse de perto
Com algum deles,
Quando ele for embora,
Reza a prudência que é melhor
Conferir se a sua carteira
Ainda está no lugar...

Vídeo relacionado: **Amy Macdonald - Don't tell that's over**
https://www.youtube.com/watch?v=oL4iDuzOCUM

CONSTRUTOS

Alguns poemas são meros construtos
Sobre uns amores imaginários,
Narram casos de paixão absolutos,
Que fizeram muitos aniversários,

Mas prosseguem sendo irresolutos
Relatos de paixão incendiários,
Contando devaneios impolutos,
Ou talvez alguns sonhos legendários,

Que não deixaram germinar os frutos,
Em seus suaves versos secundários,
Mas tais trovas são somente produtos

Sobre grandes amores fragmentários,
A esperarem por salvos-condutos
Passados em idílicos cenários...

Vídeo relacionado: **Rogue Wave - Sight lines**
https://www.youtube.com/watch?v=ln0l5zD70-M

PARNASIANO

Eu era um poeta parnasiano,
Manietado pelas rimas solenes,
Seguindo um rigor profano,
Para escrever poemas perenes...

Buscava versos preciosos,
Para dedicá-los à minha amada,
E a seus olhos maravilhosos,
Que iluminavam minha jornada...

Mas, então, li uma matéria mordaz
Sobre a Semana de Arte Moderna,
De exatamente um século atrás,
E, súbito, minha lira virou uma baderna...

Pois de repente, soltei-me das algemas,
Aprisionado que era às rimas perfeitas,
E a simetria de minhas estrofes
Libertou-se dessas correntes...

E cá estou, misturando estilos,
Às vezes rimando, em outras não,
Sem aquele antigo rigor parnasiano,
Criando versos das regras libertos!

Vídeo relacionado: **Eva Cassidy - Songbird**
https://www.youtube.com/watch?v=pnvuJ_lyL34

CORREDORES ESCUROS

Caminho por corredores escuros,
Numa noite vazia,
Flertando com a escuridão,
Batendo de frente em altos muros
Nessa batalha sombria,
Criada pela imaginação.

Não há qualquer sinal de luz,
Atrás de nenhuma das janelas
Que à minha frente se estendem,
Ou nas escadas para onde a noite me conduz,
Aterrorizantes como em antigas novelas,
Que ao passado às vezes me prendem.

Deve ser um pesadelo, só pode!
Não podem ser reais essas escadas
Serpenteantes como num sonho,
E que fedem como se houvesse um bode
Atrás de cada porta trancada,
Através da qual se ouve um *funk* medonho.

E, assim como nos piores pesadelos,
De repente escuto um grito de pavor,

Como se alguém estivesse morrendo,
E arrepiam-se todos os meus cabelos,
Como dentro de um filme de horror,
Até que, de repente, desperto tremendo.

Será que foi algo que comi e me fez mal?
Não costumo ter pesadelos tão horríveis,
Ou será que sonhei contigo e não lembro,
E o sonho virou esse pesadelo surreal,
Pois sonhar contigo provoca dores terríveis,
Desde que você se foi, no final de setembro...

Vídeo relacionado: **Diana Krall - How insensitive**
https://www.youtube.com/watch?v=QZ-4UaIq0mU

UM GRANDE AMOR

Grandes amores não morrem,
Apenas ficam adormecidos,
Em um canto da memória,
Por alguns anos, décadas,
Ou por toda uma vida...
Mas, de repente, despertam,
Mesmo sem motivo aparente,
E ficam no coração bailando,
Sem que se espere, relembrando,
Momentos lindos vividos,
E no baú da memória esquecidos,
Mas que subitamente reaparecem,
Ressuscitados como por encanto,
Por um gatilho qualquer,
Como essa melodia inesquecível
Que de você me recorda...

Vídeo relacionado: **Peppino Gagliardi - Un amore grande**
https://www.youtube.com/watch?v=bma4KEDckj0

DEPRESSA DEMAIS

O tempo passa
Depressa demais,
Quando se vê,
Já passou um mês,
Um ano, a juventude,
A felicidade,
E mal percebemos...

E, nesse tempo inexorável,
Do qual somos meros reféns,
Perdemos pessoas,
Oportunidades,
Os amores mais lindos,
Que foram embora
E jamais retornaram...

E, quando olhamos no espelho,
E o rosto que nos fita
Está cheio de rugas,
Os cabelos grisalhos
Não são efeito apenas
Desse tempo avassalador,
Mas das saudades que ele deixou...

Vídeo relacionado: **Chris Rea - The mention of your name**
https://www.youtube.com/watch?v=p5X6jFHWSFU

<u>APENAS ILUSÃO DE ÓTICA</u>

Aquela incrível sedução
Que enxerguei em seus olhos dourados
Foi apenas ilusão de ótica,
E através da imaginação,
Mil sonhos foram gerados
Em minha mente caótica.

No final das contas,
Nada aconteceu,
E nem mesmo poderia,
Pois como essas memórias tontas
Criariam algo que jamais ocorreu,
Exceto em alguma louca fantasia?

Eu e você somos incompatíveis,
Nossos genes não se completam,
Nem jamais poderiam dar liga,
Não poderemos ser amantes incríveis,
Meus olhares os seus sentidos não afetam,
Você não poderia ser sequer minha amiga.

Minha imaginação coloriu-me com suas tintas,
Inventando do nada uma história bandida,

Onde compartilhamos doces segredos,
Mas nossos corpos giram em órbitas distintas,
Jamais poderei compartilhar de sua vida,
Pois você é só uma invenção de meus dedos!

Vídeo relacionado: **Adele - I can't make you love me**
https://www.youtube.com/watch?v=XqTUneZ1g24

NA PASSARELA

Assisti de camarote
Ao seu desfile triunfal,
Atrás de um título,
Uma mera faixa,
Mas uma fonte de oportunidades,
A exibir na passarela
O seu rosto lindo,
Um sorriso mágico,
E seu corpo perfeito,
Mas faltou muito pouco,
Talvez alguns centímetros
A mais de altura ou de busto,
Debaixo do qual pulsava um coração,
Que por tão pouco tempo foi meu...

Vídeo relacionado: **Kenny Rogers & Bee Gees - You and I**
https://www.youtube.com/watch?v=2nfdKzmskDk

<u>RISOS E LÁGRIMAS</u>

Um choro tão aguardado
De repente, irrompe no ar,
Provocando lágrimas
De júbilo e alegria,
Saudando a chegada
De alguém tão esperado
Por longos meses,
Talvez um futuro salvador
De almas ou de vidas,
Uma esperança
De vidas melhores
Para sua família,
Os futuros amigos,
Ou quem sabe, o mundo...
Durante alguns anos,
O bebê será o centro das atenções,
Canalizando todo o amor dos pais,
Um amor incondicional,
E uma nova esperança,
A pulsar nos corações
De quem ouviu sobre sua chegada,
E sobre ele depositou

Carinhos, afetos, sonhos,
Destinos a cumprir,
E um amor inexplicável...

Vídeo relacionado: **Sinéad O'Connor - A new born child**
https://www.youtube.com/watch?v=ngVHtE-iZSQ

<u>REDOMA</u>

Sua ausência agride-me como um carcinoma,
Ou algo ainda mais vil,
Coloquei-a sob uma redoma,
Mas, mesmo assim, você fugiu...

O tempo vai passando,
E espero por alguma reviravolta,
Mas os dias vão se acumulando,
E você nunca volta...

E essa sua ausência renitente
Provoca-me essa tristeza tão grande,
Assistindo algum filme pungente,
Enquanto tomo uma taça de *brandy*...

Os fins de semana são sempre difíceis,
Pois é neles que me sinto pior,
Lágrimas explodem, como mísseis,
Nessa saudade que conheço de cor...

Vídeo relacionado: **Vonda Shepard - The end of the world**
https://www.youtube.com/watch?v=MOTj8dUAvtU

POUCOS MOMENTOS

De ti, já quase não me recordo,
Exceto de poucos momentos felizes,
Não registrados no meu diário de bordo,
No qual anotei somente as cicatrizes...

Entre idas e vindas diversas,
A acomodação nos aniquilou,
Esqueci as lembranças perversas,
Sepultadas enquanto o mundo girou...

Restaram algumas fotografias,
Perdidas em uma gaveta qualquer,
Restos de tão poucas alegrias,
Que não deixaram saudades sequer...

Daqueles anos que acabei por esquecer,
Emergi como se houvesse ressuscitado,
Após apagar lembranças que me faziam sofrer,
E que ficaram para sempre no passado...

Vídeo relacionado: **Monica Mancini - Moment to moment**
https://www.youtube.com/watch?v=-rEU3VPpk3o

QUASE PERFEITA

Você é quase perfeita:
Linda, divertida,
Exuberante,
Sexy, insaciável,
Dentes branquíssimos,
Sempre sorrindo,
Corpo perfeito,
Olhos brilhantes,
Uma verdadeira maravilha,
Exceto por um pequeno detalhe:
Você não é real,
E só existe
Em minha Poesia...

Vídeo relacionado: **Ruser - You know my dreams**
https://www.youtube.com/watch?v=krUuUU5_x1Q

PROJETO DIVINO

Em Seu Projeto de Criação
Em escala cósmica,
Deus havia projetado
Um ser humano
Que deveria ser perfeito,
Em todos os detalhes
A Ele semelhante,
Exceto pela onisciência!
Mas, ao apresentar o Projeto Homem
Ao Conselho dos Anjos,
Um deles, dotado de sensatez
Além da própria razão,
Mas sem o necessário senso de preservação,
Argumentou ao Criador
Que aquele projeto supremo
Não poderia dar certo,
Pois uma criatura com aquela
Folha de Especificações sem falhas
Seria um ser absolutamente chato,
Que ninguém suportaria!
Então, Deus caiu em si,
Percebendo a ironia do anjo,
Cujo nome era Lúcifer,

Olhou firme nos olhos dele,
E disse que, apesar da arrogância,
Talvez ele tivesse razão,
E então, alterou o projeto original,
Deixando-nos como somos,
Cheios de defeitos e falhas,
Traiçoeiros, volúveis,
Predadores incansáveis, cheios de lábia
E de concupiscência,
Irremediavelmente imperfeitos...
Pouco depois, Lúcifer foi banido do Paraíso,
Designado pelo Criador
Para tomar conta da criatura que ele ajudara a criar,
Mas isto já é outra história...

Vídeo relacionado: **Eric Clapton - You were there**
https://www.youtube.com/watch?v=SmBVLHij_Kg

THE VEILS OF THE NIGHT

As the night spreads its veils,
The moon shines, illuminating the skies,
And the stars spread out, solemn,
Shedding its tracks, perennials...

The brightness of the stars, for which poets rave,
Traveling through space for millions of years,
Are many of them already extincts,
And their glow is one of those arcane ghosts...

The Universe is full of these paradigms,
And while man looks for other planets
To colonize across the Galaxy, there are riddles
To be deciphered, brought on the tail of comets...

Some of the planets from which there are traces,
As if they were almost identical to Earth,
In fact, their stars may be extinct,
One of the mysteries that the Universe contains!

Man wants to scatter through the constellations,
Taking our intelligence into space,
But first it must end the war between nations,

Before we spill our hate on cyberspace!

'Cause the human race is a murderous species,
By whose fault so many beings were extinct,
Animals are killed just to generate adrenaline,
While around the world there are millions of hungry
people...

Is it really worth spreading,
And take our fury across the Universe, like pirates?
And if, as a consequence, we only exterminate
Life in the Galaxy, with our psychopathic minds?

Vídeo relacionado: **Loreena McKennitt – The dark night of the soul**
http://www.youtube.com/watch?v=XUVwx4J_6sQ

ÍNDICE

ÍNDICE ALFABÉTICO

ÍNDICE DE VÍDEOS

COMENTÁRIOS DE OUTROS ESCRITORES SOBRE POEMAS DESTE LIVRO:

Nadja Silva Sánchez: Deslumbrante!!!
Jorge Andrade: Perfeito!
Inacia Maria: Excelente publicação!
José M. Ferreira: Real e verdadeiro... Excelente!
Vanessa Lima: Belíssimo.
("AH, A JUVENTUDE!")

Inacia Maria: Que maravilha!!!
José M. Ferreira: Fantástico, nobre poet'amigo.
Vanessa Lima: Que maravilha!!!
("AO DOCE SOM DE UM BOLERO")

Nadja Silva Sánchez: Lindíssima!
Inacia Maria: Magnífico!
("APENAS ILUSÃO DE ÓTICA")

Ana Maria Taveira Miguel: Doçura! Melancólicos e reais!
Vanessa Lima: Lindíssimo.
Inacia Maria: Que maravilha!!!
José M. Ferreira: Belíssimo.
Nadja Silva Sánchez: Lindo demais!
("APENAS MAGIA")

Patricia Jesus: Excelente publicação.
Vanessa Lima: Magnífico.
Inacia Maria: Que maravilha!!!

Nadja Silva Sánchez: Que maravilha!!
José M. Ferreira: Excelente.
Rosaly Fleury: Lindíssimo!
Uma alma sem seu par
Somente existe
para no mundo vagar
Entre o céu e o mar
Almas são caminhos
na longa existência
do perpetuar...
(**"CADÁVER"**)

Inacia Maria: Show, parabéns!
José M. Ferreira: Intenso e belissimamente poetizado, nobre poet'amigo.
Vanessa Lima: Magnífico.
Nadja Silva Sánchez: Uauuu! Show! Que maravilhosa publicação! Amei!!!
Rosaly Fleury: Eita... Super lindo versejar!
Poeta brigar com a Lua,
é a poesia e fica nua...
é escuridão
poema sem paixão
Que cante os versos e rimas
sabendo que em toda prosa
existe uma poesia ansiosa
(**"DE MARTE"**)

Rosaly Fleury: Muito lindo! Recordar é viver

Que seja por fotos
Que seja por fatos
Memórias são sempre presentes
de quem nunca esteve ausente
José M. Ferreira: Docemente triste e belissimamente poetizado.
Vanessa Lima: Magnífico... Aplausos!
Inacia Maria: Magnífico!
(**"FOTOS ANTIGAS"**)

José M. Ferreira: Real, verdadeiro e magnificamente poetizado
Nadja Silva Sánchez: Excelente!!!
Vanessa Lima: Magnífico.
Inacia Maria: Magnífico!
(**"GUERRAS"**)

Rosaly Fleury: Passado e futuro
na vida do poeta é apenas um lugar...
Passado mora a saudade
já o futuro
coisas sem idade.
Vidas andantes
Sonhos distantes
A beleza do poema está em quem sabe transpor... fazer de cada
dor ou amor um terreno fértil para semear poesia igual flor...
Lindíssimo versejar!
(**"MEMÓRIAS ALIENÍGENAS"**)

Inacia Maria: Magnífico escrito!
Vanessa Lima: Magnífico.

José M. Ferreira: Magnífico.
Nadja Silva Sánchez: Maravilhoso!
("MUROS DE SOLIDÃO")
Sinésio Dioliveira: Amálgama de pele e poesia dá bolero.
Henrique Gonçalves Dias: Dicotomia! Belíssima!
Odete Moreira Lima: Lindíssimo seu versar nessa sua escrita poética. Lindo de ler.
Rosaly Fleury: Excelente!
Vanessa Lima: Magnífico.
José M. Ferreira: Fantástico!
Inacia Maria: Magnífico escrito!
Ana Maria Taveira Miguel: Inspirado, caríssimo poeta.
Nadja Silva Sánchez: Show, parabéns.
("NÃO ME CONFUNDA")

José M. Ferreira: Belíssimo.
Vanessa Lima: Belíssimo... Aplausos!
Inácia Maria: Excelente publicação!
Nadja Silva Sánchez: Magnífico!
("PELAS LENTES DE UM POEMA")

Marisa (a)Penas: Triste fato!!!
Vanessa Lima: Fabuloso escrito.
José M. Ferreira: Fantástico, nobre poet'amigo.
Inacia Maria: Maravilhoso!
Nadja Silva Sánchez: Lindo demais.
("PROJETO DIVINO")

José M. Ferreira: Que liiiinnndooo!

Inacia Maria: Magnífico escrito!
Vanessa Lima: Lindíssimo.
Nadja Silva Sánchez: Maravilhoso!
(**"QUASE PERFEITO"**)

Marisa (a)Penas: Muito triste!
(**"TEATRO"**)

Marisa (a)Penas: Doces memórias.
Jorge Andrade: Magistral!
Vanessa Lima: Lindíssimo.
Nadja Silva Sánchez: Belíssimo.
José M. Ferreira: Magnífico.
Inacia Maria: Linda publicação!
(**"UM GRANDE AMOR"**)

SOBRE O AUTOR

Engenheiro Eletricista pela Universidade de Brasília por formação, Analista de Sistemas por opção, poeta por destino, casado, 2 filhos e 1 neto, apreciador de boa música, cinema, literatura, HQs, seriados e amigos (não necessariamente nesta ordem).

Participante das antologias:

• **"Declame para Drummond 2012"** (2012), com o poema **"Máscaras"**;

• **Antologia 2015 – Literatura Goyaz"** (2015), com os poemas **"Os oceanos entre nós"** e **"Morpheus"**;

• **"Desafio"** (2016), com os poemas **"Finito","De solidão e de sonhos"** e **"Olhar"**;

• **"Dez Poetas e Eu Vol. 3"** (2016), com os poemas **"Átimo"**, **"Diário"**, **"Julgamento"**, **"Roleta russa"**, **"Buracos negros"**, **"Paronímia"**, **"As últimas gotas de orvalho"**, **"Repositório"**, **"Simplesmente você"** e **"Quando eu te conheci"**; e

• **"Raiz da Poesia"** (2017), com os poemas **"Os segredos que escondes no olhar"**, **"Borboleta"**, **"Autópsia"**, **"La nuit"**, **"O tio da suspeita"**, **"Aldebaran"** e **"Os sons do silêncio"**.

Links dos livros:

- Clube dos Autores:

- Amazon:

Homenageado com uma seção na página do **Templo Cultural Delfos**, relicário da Literatura, com 50 poemas.

<u>MULTIMÍDIA</u>:

• Ao final de cada poema, há um código de barras apontando para um belo vídeo do Youtube. Basta abri-lo com um aplicativo de celular ou *tablet*, como o *QR Code Reader*. A *playlist* completa está no link abaixo.